U0052472

CANDY CIRCUS
糖果馬戲團

說謊與誠實的抉擇

大家好，我是芳宇，《糖果馬戲團》是我首次以「正常版人物」於報紙連載的作品，當時在生活及工作上正巧經歷了不小的震盪，讀者所給與我的許多溫暖回饋，是支持我繼續努力的重要力量。因此，企劃《糖果馬戲團》出版時，我在圖面上重新做了修正，並加入了相當多新繪製的單元，希望能夠答謝一直支持我的讀者們（手比愛心）。

《糖果馬戲團》是以探討「誠實」為主的故事，但它並非僅是歌頌「誠實」，而是希望能引發大家思考：究竟哪些狀況必須誠實？選擇「誠實」或「說謊」所要面對的好與壞，進而對自己的每個選擇負責。

「說謊」在初期是輕鬆的，就像糖果一樣甜美，能避免掉尷尬的場面、暫時不用負責任……但是每撒一個謊，就必須用另一個謊來圓，到最後沒有任何事物是真實的！而且，當謊言被戳破時，局

面通常已經無法挽回，所必須承擔的，甚至比選擇「誠實」還要更多！

因而，「糖果馬戲團」以糖果誘惑孩子，但只有說謊的孩子才會受到懲罰而變成動物。最後變回人類的解藥，與糖果的甜相反，非常的苦澀，可是唯有面對那些苦澀的真實，才能擁有作為人類的資格。

世界上沒有絕對的善，也沒有絕對的惡，看似魔王的馬戲團團長，最後看來，他的計畫也並非出於惡意。皮諾丘之所以為馬戲團中唯一的半人半獸，也是因為團長理解小澄受家庭環境逼迫，才走向說謊的無奈。此外，皮諾丘的存在，也間接保護了變成動物的孩子，這也是團長在懲罰說謊的孩子背後，所隱藏的寬容與溫柔吧。

最後，歡迎大家來我的粉專玩（招手），期待收到你們的回饋和留言喲！

FB粉專：https://www.facebook.com/primrose2814/

皮諾丘

半人半獸。糖果馬戲團團長的心腹。

小球

爸爸是獸醫。一直認為媽媽是被自己說謊害死的，因此非常痛恨說謊。

查克

跟皮諾丘交情不錯，會跟小球解釋狀況。

安迪

對皮諾丘拿小球沒辦法覺得很有趣。

團長

神祕的科學家及訓獸師。
糖果馬戲團的創立者。

查爾斯醫生

查爾斯動物醫院的院長。小球的爸爸。很疼愛小球。

安雅

小球的好友。有天突然失蹤了。

麗莎

小球的同學。愛說謊而且老是嘲笑小球，跟安雅一樣突然失蹤。

目錄

爸！快起床！
鬧鐘響好久了！
鈴！
鈴！
鈴！
要出門囉？
對啊！快遲到啦！
我去上學囉！
查爾斯動物醫院
我叫小球，今年十歲。
家裡經營動物醫院。
唰！
碰！
哇啊！

好痛……
沙…沙…
呀啊啊啊！
沙…沙…
！
沙…沙…
啊！
等等我！那是今天要交的作業啊！
為什麼馬路上會有長頸鹿！

碰！

哎呀！

咚！

別跑！

糖果馬戲團

嘩！

嘩！

嘩！

歡迎來到糖果馬戲團。

沙…沙…

沙…沙…

有人!?

希望明天的表演招待場，能夠看到你。

Chapter 1

神祕的馬戲團少年

為了讓賣麵包的老奶奶早點回家休息，因此花了些時間幫忙賣麵包。

接著

又帶迷路的小男孩到警察局。

就是這樣我才會遲到的，如果為此受懲罰我也沒有怨言。

本班班花——麗莎。

又在說謊了！

你為什麼沒交作業？
作業被長頸鹿吃掉了！
咻！
分明就是忘了寫，竟然還說謊騙老師！
老師，小球口袋裡掉出馬戲團的邀請卡耶！
哈哈哈！
這個小球……
哈哈！
哈哈哈！
也許她的作業真的是被長頸鹿吃掉的喔！
去教室後面罰站！

ZZZ
小球！小球！
老師說你的懲罰結束了！
太好了，站著睡好痛苦啊！
怎麼這麼沒精神呢？
只要和老師說明原因，應該就可以免於受罰的。
昨天協助爸爸幫受傷的流浪狗開刀，忙到很晚才睡。
我最好的朋友——安雅。

遲到要受罰很合理啊！
真不知該說你誠實還是不知變通！
沙…
沙…
我沒關係啦！
明明說個小謊就能讓自己輕鬆愉快啊！
你果然說謊！
嘻！
說謊又沒什麼，你的表情好像我犯了滔天大罪一樣！
嘻嘻，
嘻嘻，
嘻嘻，
嘻，
我才不想像個傻瓜一樣站在這裡罰站呢！

糖果馬戲團耶！

噗！

咦？你們知道糖果馬戲團？

誰不知道啊！這個四處巡迴的馬戲團超有名的耶！

大量的動物表演秀，超特別、超精采的喔！

因為只要吃下特殊的糖果，就可以看到超棒的聲光畫面和表演。
明天有免費招待學生的場次耶！
免費招待場也是糖果馬戲團的特色！超貼心的！
所以才叫做作「糖果馬戲團」！
貼心？我倒覺得很像詐騙集團！
小球！我們明天放學後一起去吧！
咦！

「糖果馬戲團」
表演招待場。
嘩！
嘩！
嘩！
嘩！
嘩！
為了讓您有最佳的聲光體驗，請務必吃下所發送的糖果。
看到這個小丑的臉，就覺得糖果好像有毒。
你在不重要的地方意外的精明嘛！
呀！皮諾丘！
吃就吃……
咕嚕！

晚安！我是主持人——皮諾丘！
呀！
哇啊！
呀！
哇啊！
您今晚的美麗時光，就完全交給我負責吧！
啊！是給我邀請卡的……
他完全是我喜歡的那一型耶！
驚！
天啊！你不覺得他很帥嗎？
那種裝模作樣的男人，大多都是騙子啊……
嗨！又見面了！
被……被他聽見了！

……
嗯？
他看起來比我年長，應該不會計較吧……
說他壞話竟然不小心被他聽到……
嘩！
嘩！
嘩！
嘩！
這個表演，好像哪裡怪怪的……
接著，我想募集一位觀眾加入我們的表演！
你別老是尖叫好不好……
這位金髮的女孩好像相當有意願！
等等！我……
選我！選我啊！

心胸超級狹窄的啊！！

我們的團隊十分專業，表演絕對安全，請大家放心！
嘩！
嘩！
嘩！
嘩！
我們有高額保險，不用擔心醫藥費喔！
等……等一下！這個真的安全嗎？
咦咦咦——
嘩！
會摔死的啊！
啊啊！
呀啊！
嘩！
嘩！

唰！
唰！
哇啊啊！
呀啊！
砰！
唔！
啪！
啪！
啪！
嘎！
咧！
掉下去會被吃掉啊！

要被吃掉了！
咻！
咻！
唔！
請給這位勇敢的女孩熱烈的掌聲！
嘩！
鼓掌！
嘩！
鼓掌！
嘩！
把你嚇哭了，真是不好意思啊！
嗚！嗚！
你的心胸未免也太狹窄了！

嘩！
嘩！
嘩！
竟讓客人參與危險的表演，你也太亂來了！
只不過是讓她早點習慣表演的生活罷了！
下次批評別人前，最好先想清楚。
沙…
沙…
哈哈！
他的個性還真是惡劣耶！

馬戲團與動物秀

菲利普・艾特雷馬戲團（Philip Astley School）是史上有記載的第一個馬戲團，於1769年在英國倫敦創立。此後，為了吸引觀眾的目光，動物秀也漸漸融入馬戲團表演中，甚至成為主要賣點。

馬戲團中的動物，很多都是自小就被迫離開父母。為了使牠們聽話，馴獸師會用各種脅迫、打罵、虐待的方式訓練牠們，讓牠們只知服從、不敢反抗。

近年來，動保意識抬頭，人類開始正視馬戲團的動物虐待問題，輿論的壓力致使曾為世界三大馬戲團之一、以動物表演為賣點的——玲玲馬戲團，在2016年宣布停止最著名的表演——大象秀，並於2017年5月正式熄燈，結束了這個已有146年歷史的馬戲團。

Chapter 2

失蹤的孩子們

我和皮諾丘真的什麼關係都不是！
你好煩啊！
你發誓？
我發誓！我昨天也才知道他的名字，好嗎？
還是像我這樣有貴族血統的千金小姐才適合他！
那就好！畢竟你和他也不相稱啊！
麗莎大小姐的氣質就是不凡啊！
4-2

真是傻瓜！你被皮諾丘的外表騙了啦！
怎麼了？還好嗎？
這次考差了，只考第五名。
總是考第一名
我只要有一次第五名，爸爸就會感動得要命吧！
下次再努力就好啦！
拍！
嗯……
隔天，安雅沒有來上學。

沙……沙……
順道來安雅家探個病吧！
阿姨好！聽說安雅感冒了……
小球！
緊抱！
咦！
失蹤了！
安雅失蹤了啊！
咦……

安雅的房間

喀！

昨天為了慶祝安雅成績第一名，全家一起去吃了大餐。

嗚…

嗚…

回家後那孩子就回房休息了。

今早卻發現房間空無一人，人憑空消失了……

第一名？

沙…

這個不是……

安雅說謊了嗎……

沙…

糖果馬戲團的彩帶嗎？

安雅竟然失蹤了……
我卻什麼忙都幫不上……
沙……
沙……
啊！家裡醬油剛好沒了！
雜貨店
這是失蹤少女的照片，趕快收好！
是！
嗚……
咦？警察？
麗莎！

唰！
麗莎不是因為生病才沒來學校嗎？
怎麼會失蹤……
啊！我是麗莎的同學，我叫小球！
她昨天回家後，說要回房間換衣服……
嗚……
然後就沒有再出現了，已經失聯整整一天了啊！
唉……
我們已經接到二十幾件學童失蹤案件了。
目前為止，還沒有任何一位孩童被尋獲。

小朋友，你也趕快回家吧！
點頭！
麗莎和安雅都失蹤了……

雜貨
不過，原來這裡是麗莎的家，
她根本不是什麼千金小姐啊！
那不是糖果馬戲團的氣球嗎？

為什麼麗莎和安雅家都有糖果馬戲團的東西？

那天……她們什麼都沒有拿啊！

那種裝模作樣的男人，大多都是騙子啊……

她們兩個失蹤，究竟有什麼共通點？
說謊！對了，兩個人都說了謊……

我總覺得這一切和那裡有關！

等我發現時……我已經在前往糖果馬戲團的路上了……

呼……
今天沒有表演活動嗎？
唰
！
！
我的帽子！
沙……
別跑！
沙……
！
沙……
小球！

小松鼠，可以把帽子還給我嗎？
啥……
小球！我是安雅！我變成松鼠了！
什麼 !!!
Candy Circus
不只我，麗莎也變成動物了！
咦！
不，其實……
這裡所有的動物，都是由人類變成的！

你說，這裡所有的動物原本都是人類？
為什麼？在你身上到底發生了什麼事？
我也不清楚原因，不過……
昨天剛回家，我就感到身體不適……
唔……
我發現自己的身體越變越小。
透過鏡子看到自己時，發現已經變成松鼠了！
咦！
然後皮諾丘忽然出現，對我說……
沙……
沙……
真是個愛說謊的孩子啊……

什麼！皮諾丘！
他好像是團長的心腹，負責監視我們。
我就知道他絕對有問題！
不管了，我先帶你離開這裡！
看來……
你好像又說了我的壞話了啊……
！

你知道自己是怎樣的人嗎？

你了解自己嗎？認識自己嗎？下面有十種動物，請選出你最喜歡的前三種，並幫牠們做排名，可以幫助你認識自己喔。

我最喜歡的動物	我最喜歡的動物排名		
猴子	□第一名	□第二名	□第三名
馬	□第一名	□第二名	□第三名
熊	□第一名	□第二名	□第三名
狗	□第一名	□第二名	□第三名
羊	□第一名	□第二名	□第三名
獅子	□第一名	□第二名	□第三名
松鼠	□第一名	□第二名	□第三名
貓	□第一名	□第二名	□第三名
兔子	□第一名	□第二名	□第三名
企鵝	□第一名	□第二名	□第三名

◎ 超想認識自己對嗎？別急，翻開P.54，你就能知道啦！

Chapter 3

你為什麼要害大家變成動物！
我害他們？
那是他們咎由自取喔！
為什麼你沒有變成動物呢？
你……
你也吃了糖果吧！
糖果？
莫非是表演前吃的那個！
難道免費招待場的真正目的是……
真聰明！

天下沒有白吃的午餐啊！
真令人期待啊！
在糖果還有藥效的時間裡，只要說了能讓自己獲得利益的謊話，
就會變成動物，而且會維持一輩子。
什麼！
你會變成什麼動物呢？

把人類變成動物，再讓他們表演，以吸引更多人類上當……
你太惡劣了！
Candy Circus
觀看免費表演、吃下糖果、說謊，這些都是他們自願的喔！
只能怪他們貪心、不謹慎又不誠實。
是他們自己不好！
你！

會說話的動物就像怪物吧！在這裡對他們來說反而比較安全。
出去外面的世界，誰會真心接納他們呢？
但是……
咦！
沙
等等……這個……
！
這個是真的耳朵吧！

跟你沒關係吧！
啪！

你也變成動物了嗎？

他的從容不見了……
總之，你別想帶走這裡任何一隻動物！

如果我執意如此呢？

呵！
你還有位名叫麗莎的朋友吧！

她好像很喜歡我，一點也不想離開呢！

天啊！

你好好想清楚吧！

你……

如果這裡有任何一隻動物不見了，

我可是會對麗莎不利的喔！

對皮諾丘還是別用太強硬的手段喔！

嚇！

外面那些高大的人偶，都是由他操縱的喔！

如你所見，他性格惡劣。

而且……

沙…

沙…

對了！
我只要用那個袋子把麗莎強行帶走就好了啊！

唰！
喂，你……

沙…沙…
這裡……

都是變成動物的人類。

小球！我是阿智啊！救救我們！
沙…
沙…
沙…
沙…
我想變回人類！我想回家！
嗚…
嗚…
這麼多同學都變成動物了！
糟糕！被發現了！
我根本帶不出去啊！
沙…
唰！

這些人不過是你人生的過客，
忘了吧！
唰！
啪！
你乖乖回去，快樂過你的生活不就好了？
沒有他們的生活，根本不會快樂！
喂！很痛耶……

我不會放棄他們的！
啄！
啄！
好痛！
麗莎！
離皮諾丘遠一點！

麗莎，你媽媽很擔心你耶！
並不是每個人都想離開這裡喔！
哈哈哈哈！
對某些人來說，這裡可是唯一的容身之處啊……
幾天後……
沙……沙……
本以為爸爸會不會知道能讓他們變回人類的方法，結果……
動物變成人類？沒聽說過耶！

如果有那樣的案例要告訴我啊！
我一定要拿來好好研究一番！
汪！
汪！
我還是自己去圖書館查資料好了……
牠們身上怎麼都是傷，剛打過架嗎？
吼！
汪！
汪！
吼！
汪！
等等……牠們想攻擊我!?

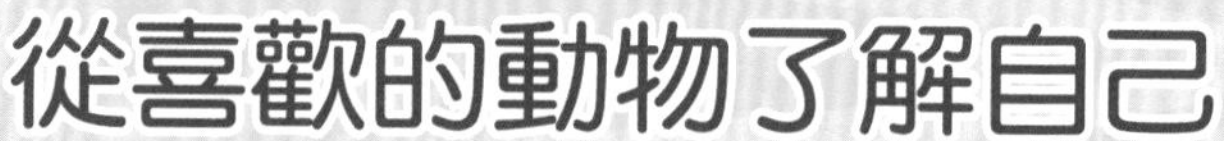

從喜歡的動物了解自己

你知道自己是怎樣的人嗎？（分析篇）

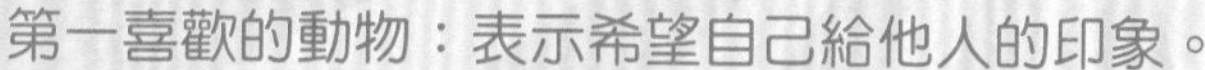

第一喜歡的動物：表示希望自己給他人的印象。
第二喜歡的動物：表示他人對自己的看法。
第三喜歡的動物：表示真正的自己。

猴子 易親近、好奇心旺盛、頭腦敏捷、幽默。不容易讓人感到厭倦，且樂於照顧人。

馬 個性活潑、為人爽快乾脆，帶點孩子氣。穿著打扮上十分講究，不管是男生、女生，都不會要求特別待遇。

熊 心地善良、親切溫和，個性雖然單純率直，但卻行事謹慎，給人一種平靜、宜家、可以依賴的感覺。

狗 富同情心、個性溫和、為人正直、善解人意且十分忠誠，不但不會背叛朋友，還會不怕麻煩的為朋友盡心盡力，值得信賴。

羊 講義氣、重紀律，將朋友的事情看得比自己的還重要，做事勤奮、努力不懈。看似柔弱，卻十分固執。

獅子 具領袖氣質、有威嚴，總是特別受人矚目。自尊心強、榮譽心重及重視社會地位，因此有時不免偏於虛榮。

松鼠 重視自由、頭腦敏捷，外表雖然讓人覺得有些軟弱、帶點稚氣，事實上卻非常能幹、可靠，可惜就是有些三心二意。

貓 不喜受拘束、喜好自由、神祕、難以捉摸，忠於自己的步調且十分自我，對許多事都抱持既定的想法。

兔子 優雅、溫和、可愛的個性十分討人喜歡，而且頗具魅力，常讓身邊的人不自覺得升起保護的欲望。

企鵝 個性保守、謹慎、樸質，對許多事都無動於衷，偶而給人一種沉靜中帶著危險的感覺。

Chapter 4

意外的襲擊

汪！
唰！
走開！
吼！
汪！
別……
別過來喔！
吼！
！
吼！
唰！
唰！
！

皮諾丘？
砰！
別得寸進尺了！
驚！
還不快滾！
砰！
凹嗚！
嗚！
嗚！

喂！你還好吧？
我沒事，別管我！

你受傷好嚴重啊！

快走！
去哪？

我家是獸醫院啊！趁現在爸爸不在，我幫你處理傷口！

……
不用了！這點小傷……

沙…
沙…

小球家
傷口……好深啊……
先說喔！
我可不是為了保護你而受傷的！

因為那些野狗凶性大發和我有關。
吼！
我只是不想波及無辜的人。

對了！那些野狗身上都有傷……

說謊的人，會變成哪一種動物，是依據什麼來決定的？
嗯……通常跟他們的個性和特性有關。

所以，小狗狗，你是在和牠們爭地盤嗎？
我才不是狗！我是狼！

例如：安雅變成的松鼠，有古靈精怪、聰明、未雨綢繆的特性。
變成孔雀的麗莎，原本應該有美麗、驕傲的特徵吧。
原來如此……
那你呢？
為什麼你會變成狼？

自己查！
幹麼忽然對我的事有興趣啊……
小器鬼！
小球？有朋友來家裡玩嗎？
糟了！是爸爸！
被看見了！
咦？

這個！
抓！

傷口處理基本上都沒有什麼問題了。
但還是要去施打破傷風針和狂犬病疫苗比較保險喔！

做的好像啊！角色扮演的少年！
咦？

這麼晚了？我該煮晚餐啦！

沒事的話，就留下來一起吃吧！
啪！

呃……
嗯……

砰！

那就算你一份囉，不准逃跑！

是小球硬逼著你處理傷口的吧？
說中了
……

小球的熱心和堅強，跟她媽媽真像呢！
我太太是個能幹又溫暖的人。
我和小球都十分依賴她。

我除了醫院的工作，其他的事都不太擅長。
哈哈！
家事、三餐等都是小球一手包辦的。

有時候，我覺得她有點過分努力了呢！

怪了？為什麼都是小球在做？
請問，你的太太呢？
…

幾年前
世了。
小球之所以這麼努力，是因為……

她一直認為，是她害死媽媽的。

在某個提早放學的日子，小球和同學偷偷去公園玩耍。

啊，差不多該去接小球了！

小球玩到忘記了時間，等她趕回學校時……
嘩！
嘩！

啊！小球！

你媽媽在街上到處找你，不幸出車禍了！

其實，我一點都不怪她啊……

我怎麼可能會怪她呢……

為什麼要對我說這些。
小球這麼關心你，你們是好朋友吧？
哈哈！
很遺憾，她並沒有這麼想喔！
嗯？
而且，我是很多大人眼中的壞小孩。
你還是勸她離我遠一點吧！
先告辭了！
我不知道他們為什麼認為你是壞小孩。
不過，我可沒那麼認為喔！

哈？
而且，我也不會要求小球別和誰來往。
為什麼？
直覺！
因為我相信我女兒看人的眼光。

隔天
好歹他的手會受傷也是和我有關。
好人做到底，去幫他換藥吧！
啪！

狼
嗯？

……狼的性格難以捉摸，感官敏銳，因此獵狼十分困難。
哼！
動物百科

狼傾向單一配偶，成偶的狼要是配偶還在，絕大多數會終身相伴。
喔！還真專情……

狼在狩獵時的習性及智慧，往往被引申為凶殘惡毒。
但狼本身其實並無狡猾或貪婪的本性……

你們有看到皮諾丘嗎？我來幫他換藥。

都是因為我們，才會害你們昨天遇到那種事……

其實，皮諾丘是為了追捕偷跑的我們……

才會和野狗起衝突的。

唰!
吼!

其實，我們也不知道能逃去哪，所以還是回來了。
晚上遇到皮諾丘，他也只是說……
沒事就好。
沙…
沒想到……他竟然做了這樣的事……
皮諾丘！
哇！你又來幹麼？
對他好像有點改觀了……
幫受傷的狼換藥啊！

會有一點痛，
忍耐一下喔！

不用你多管
閒事！
啪！
你乖，快
坐好。

……

動物要是生病
或受傷的話，
都怎麼處理？
通常是等團長回
來時，直接給與
藥物。

團長是科學家及馴
獸師，這裡一切都
要聽他安排。

生病卻
不看醫
生，這
實在……
因為這裡的
事不能被人
發現啊！

如果你說出去的話，我……
那我可以常來嗎？
咦？
基本的護理和醫藥知識還是沒問題的！
我也算獸醫助理啊！
可以是可以，不過……
要是被團長發現的話……
沙……
皮諾丘，團長回來了！
噓！別出聲！
沙……

只有你一個人嗎？
碎！
是其他的動物啦！已經離開了。
沙…沙…
哈哈！
我還以為是其他人類呢。
怎麼可能啊！
沙…沙…
我剛剛好像聽到女孩子的聲音。
也是呢，要是這裡被發現……

你就沒有其他容身之處了嘛。
咦……
真可憐，被拋棄的孩子。
他在說什麼……
您回來這，應該不是為了消遣我吧。
沙…沙…
回來拿個東西，順便清點一下動物的數目。
做得不錯嘛！
啪！
真不愧是我的好幫手。
您過獎了。

他走了嗎？
沙……
嗯，你也快離開吧。

那幫動物療傷的事……
你最好別再來了。

什麼？態度也差太多了吧！
沙……

沒想到皮諾丘竟然會把你藏起來。
沙……
沙……
還真讓我意外耶！

啊，是猴子和野豬。
我叫查克！
我叫安迪！

咳咳……
如果你被團長發現，也躲不過變成動物的命運吧！

所以，其實他是在袒護我嗎？
對了，你怎麼知道我們失蹤和馬戲團有關？
因為現場都有和馬戲團有關的物品啊！
怎麼可能？
難道……
是有誰刻意留下來的嗎？
沙…沙…

皮諾丘的晚餐

開飯囉！

我是狼，不是狗！我不吃狗食！

啊！照顧動物太習慣了！

抱歉、抱歉，我知道你不吃狗食了，原諒我好嗎？

唔……

那你吃生肉嗎？

當然吃煮熟的啊！

逗皮諾丘開心

要怎麼做皮諾丘才會氣消呢？

最快的方法就是逗他開心啊！

原來如此，那個我最拿手了！

啪！

皮諾丘♥！

我們來玩接飛盤遊戲吧！

……

Chapter 5

小澄與皮諾丘

譁！
譁！
糖果馬戲團
Candy Circus
譁！
譁！
小心別碰到水喔！
譁！
譁！
咦？他今天帶了整副面具啊……
譁！
譁！
希望大家對今天的表演感到滿意！
譁！
沙…
皮諾丘你還好嗎？你今天怎麼一直發呆？
沙…
？

啪！
唰！
呼……
……沒被發現吧……
小澄？
放開我！
砰！
哇！
皮諾丘，該你換藥了……

喀！
喀！

你……

皮諾丘真的就是「小澄」嗎？

小澄他……是怎麼樣的人呢？

我也聽得出來，那是我兒子的聲音啊……

咦！

讓人頭痛的孩子，打架、蹺課、偷竊樣樣來……

習慣性說謊的毛病也很嚴重……

咦！

其實我也隱約感覺得到……
但我總是逃避，不去面對，整天借酒澆愁……
直到某天，小澄看不下去，
用了和平時不同的認真口氣對我說……
你要騙自己到什麼時候？為什麼不勇敢面對呢？
我忽略了說著那些話的他，其實也是痛苦萬分……

和丈夫攤牌、激烈的爭執後，
我一股腦的把情緒發洩在小澄身上……

砰！
你為什麼要把事實告訴我！
我一點都不想面對啊！

都是你說實話才會變成這樣！
都是你害的！

然後，小澄就離家出走了……

嗚…
我好後悔……好想要和他道歉……
嗚…
我真的好想他……

這麼多年沒有他的消息……
沒想到今天在臺上的竟然就是他……

你是小澄嗎？
她跟你說了什麼？
沙…
看這反應，果然是……
那人真的是你媽媽……
你走後她一直在找你，
希望你能回去和她一起生活……
你別一副很了解的樣子。

忍耐……我絕對要忍耐……

我只是代為傳話，畢竟你們有些誤會……

我一直用說謊來面對我的生活，因為這樣對痛苦也能麻痺一些……

面對我鼓起勇氣說出的事實，她的那些反應還能有什麼誤會？

那只是她在說氣話，其實她不是那樣想的……

你懂什麼？

並不是每個人都和你一樣，有個體諒自己的父親！

！

她還是憑藉聲音認出了你……

……
就算你變了模樣，也遮住了臉孔……

只聽聲音，便能肯定你就是她兒子，這樣的心情……

難道還不足以讓你相信，她真的很想你嗎？

想見面就能夠見面……

咦？
我怎麼哭了？
這是一件非常奢侈的事情啊……
我先走了，再見！
喂……
沙
唉……
我好差勁啊……

吵架了？
……

查爾斯動物醫
和狼耳朵少年最近相處的還好嗎？

女兒，「床頭吵，床尾和」啊！
這句諺語用在我們身上不合適吧！

咦？

叩！叩！
皮諾丘？

牠的樣子怪怪的，
可以請醫生診療一下嗎？

由於現今還沒有有效的藥物能夠使用，因此長期以來，對於治療犬瘟熱都很悲觀。

就算是痊癒了，也會留下後遺症。

牠的狀況不太樂觀……

你們要做好最壞的打算。

爸，你一定要救牠啊！
我會的。
不過小動物生命力不比人類，生重病後存活率也比較低……
不！說不定有辦法！

沙……

犬瘟熱不是人畜共通傳染病，如果變回人類，也許就會不藥而癒了！

真的沒有能變回人類的辦法嗎？
唔……
再不讓牠變回人類，牠可能會死啊！
咦？
團長曾經有向我提到解藥的事……

怎麼會？他明明知道有解藥，卻一點也不想獲得？
我想解藥應該在他家的實驗室吧……

他之前是以多麼消極的態度面對人生啊……
那就趕快準備去團長家吧。

咦！你也要一起去嗎？
因為沒解藥的話，浣熊就會死吧……

謝謝！你肯幫忙真是太好了！

不客氣啦。
唰！
咦？

奇幻小知識

認識犬瘟熱

犬瘟熱是一種病毒性傳染疾病，死亡率非常高，會感染犬科、鬣狗科、鼬科、臭鼬科、浣熊科、貓熊科、鰭足亞目和一些貓科及靈貓科動物。

犬瘟熱病毒的傳播途徑有：

一、飛沫。
二、接觸到患犬眼睛與鼻涕的分泌物，或是尿液、糞便等。
三、飲用到受汙染的水及食物。

此外，犬瘟熱從感染到發病，潛伏期大概為十四至十八天。不過，感染後三到六天，可能就會出現發燒的症狀。

想要預防犬瘟熱，必須定期帶寵物去施打預防針。

Chapter 6

對了，浣熊是什麼時候被感染的呢？

咦！

我想是被野狗攻擊的時候吧……

你有咳嗽、打噴嚏或食欲不振的症狀嗎？

唔……

哇！對不起！
嗍!!
我只是在檢查你有沒有犬瘟熱的症狀啦！

我沒有什麼不適的地方……
謝啦！

太好了！那我就放心啦！

為什麼她還那麼關心我……
繼續趕路吧！

明明我之前對她說了那麼過分的話……
是那個嗎？

沙…
團長的家。
沙…
沙…

實驗室
都是看不懂的藥名耶！
總覺得進來的太容易了，有點奇怪……
會不會在那個皮箱裡面啊？
團長隨身攜帶的皮箱怎麼會在這……
喀！
咻！
咻！
哇啊！
咻！
咻！
沙…
咦！

沙……
沙……
沙……
沙……
這裡是哪裡啊？

這裡是皮箱中的世界喔！
沙……
擅自闖入我家的小朋友……
感謝你成為我的實驗品啊！
團長！

實驗品？
糟糕！我變成動物了！

這樣你就可以來陪皮諾丘啦，哈哈！
皮諾丘呢？

難道是那一杯水……
在讓你們見面前，我要提醒你一件事，

皮諾丘的那一身裝扮，代表的是狡計多端的小丑——哈利昆。
源自古代「有著動物臉的惡魔」喔。
你可別太相信他了……

會被背叛喔。
我才不會受你挑撥！
哈哈！
看來你很相信他啊！
那就快帶著這瓶藥水去救他吧！
！
你對皮諾丘做了什麼？
沙…沙…
在這座森林裡，皮諾丘將會遇到危及生命的大麻煩。
什麼！
你再不去救他，就來不及囉！
啪！
沙…沙…
希望趕得上啊！

這是哪裡？小球呢？
沙…沙…

咳！咳！咳！
你果然還是背叛我了啊！
唰！

……
有動物命在旦夕，我需要解藥。
你什麼時候這麼有同情心了？

要解藥可以……
喀！

你必須在一個小時內，讓你的伙伴喝下這瓶藥水。

什麼！
你的背叛讓我很生氣啊。
這樣考驗你對我的忠誠，不過分吧？
如果你照辦，我就會給你解藥。
一個小時內沒有人喝下那瓶藥水，
你們兩個就得永遠留在這裡。
給你個提示吧，
你們兩個人，只有一個能夠離開。

森林這麼大，要怎麼找人啊？
皮諾丘！
我在這。

沙…
你還好嗎？

你怎麼也變成動物了？
他明明好的不得了！

團長還說你遇到危機，害我急得要命！
啊！

團長到底在打什麼主意？

啊！
總之，先想辦法離開這裡吧！
！

小心！
吼！
吼！
沙……
吼！
吼！
啊，忘了提醒他們了。
那可是「獅王的森林」啊！

吼！
吼！
哇啊！

我跑比較快！我背你！
咦！

抓緊喔。

唰！
哇！

咻！
咻！
咻！

沙…

你發燒了!

吼!
牠們又回來了!

唰!
哇!

咻!
咻!

咳!
咳!
吼!
吼!
……

??
呼……

啪!

喝！
唰！
喀！
喀！
喀！
吼！
碎！
吼！
呼……
先在這躲一會兒吧……
咳！
咳！
咳！
怎麼辦……這裡沒有治療犬瘟熱的藥……
呼……
呼……

我也會死嗎……
呼……呼……
只要有解藥，變回人類就會沒事的！

呵……變回人類嗎……
小木偶皮諾丘的心願，就是變成人類……

當初團長為我取「皮諾丘」這個名字……
就是在嘲笑原本是人類的我，卻變成了動物……

呼……
呼……
現在「想變回人類」這個心願……
聽起來還真是諷刺啊……

對了！團長說這瓶藥水能解除你的危機……

呼…呼…

唔……

要解除危機的話……這樣還不夠喔……

咦？

想要讓我們從這裡脫困，你也必須喝下我手中的藥水才行……

小丑哈利昆

悲傷小丑——皮埃羅（Pierrot）和穿著菱格紋的歡樂小丑——哈利昆（Harlequin），是文藝復興時期，義大利和法國流行的即興喜劇中，產生出的兩個角色。故事中，他們都想贏得美女柯倫冰（Columbine）的芳心，最後她選擇了狡計多端的哈利昆。

關於「哈利昆（Harlequin）」，有史學家考證，認為可能來自古代的惡魔——Hellequin，以動物臉的形象穿梭於人世間與地獄，對人類有時友善，有時則不然。並在中世紀時，成為嘉年華會裡常見的角色，擁有各式面具與條紋或格紋衣服。

Chapter 7

皮諾丘的決定

我們必須喝下對方手中的藥水，才能夠離開皮箱的世界……
所以……
你的藥水給我吧……

什麼意思？

只要照團長說的做，我就能獲得解藥了……
暈…

原來是這樣啊……
所以團長才要我們會合嗎？

嗯……
呼…呼…
就是這樣沒有錯……

雖然有點奇怪……
好……
不過為了要讓皮諾丘早點獲救……

「會被背叛喔。」
停住！

怎麼了？
啊！沒事……

他剛剛還救了我呢！
我實在不應該懷疑他……

咳！
我應該要和你一起喝才對……
咳！咳！
你還是等咳嗽的症狀好點再喝吧！
我先喝沒關係！
啵！
你放心！

我們出去以後，我絕對會幫你找到解藥的！

沙……
你連這是什麼藥水都不知道吧，
那就別亂喝啊……

??
可是你不是說……
明明那就是很粗糙的謊話吧！

??
你為什麼不懷疑我？
因為你沒有要騙我喝下藥水的理由啊！

咳！
咳！
難道你不認為我會和團長達成協議嗎？例如：只要你喝下藥水，我就能獲得解藥之類！
我……我只是想救你……

原來……
我被騙了嗎？
刺痛！
沙…
對不起！
我第一次知道……
原來說謊，
讓人那麼難受……

我騙了你……
對不起……

其實……團長有警告過我呢！
啊！
沙……
他要我別太相信你……
說你會背叛我……

哈哈……他說的沒錯啊……
你實在應該聽他的忠告……

安雅和麗莎家裡的彩帶跟氣球。
是你刻意放的吧？

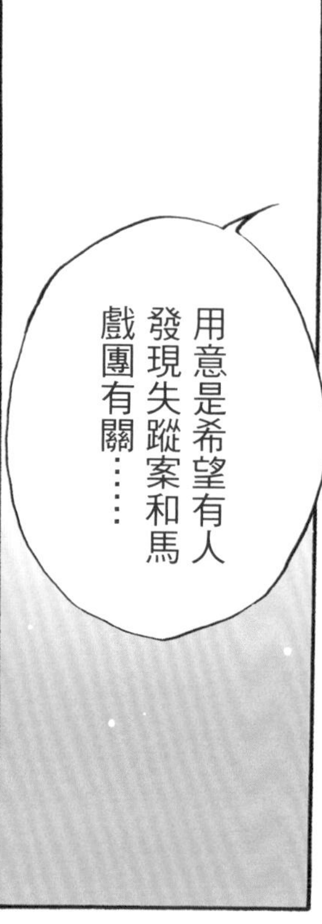
用意是希望有人發現失蹤案和馬戲團有關……

希望有人救你出來吧……
我之所以相信你，是因為……
用那種方式求救的人，
怎麼看都不像是壞人啊！
希望被發現……
卻又懷疑自己該不該獲救……
這樣膽怯的求救信號，
一點都不像壞人會做的啊……

已經兩年
多了……
我原本以
為……
一直都不會有
人發現……
我只是一個膽小
鬼……不敢面對
自己的人生……
嗚……
我其實真的好
想回家……

吼！

哇！獅子還在啊！

在這裡一直待下去，也只是等死……

嗒！

咳！咳！咳！

你把藥水喝下去了？

喀！
地震！
喀！
喀！
喀！

沙…
看來他是決定自己喝下藥水來救你啊！
沙…

救我？什麼意思？
我告訴他，一個小時內沒人喝下藥水，
你們就要一輩子困在皮箱裡等死。

所以……他喝下藥水後會變怎樣呢？

咕唔……

嘶…

嘶…

嘶…

啊啊啊啊啊！

嘶…

！

嘶……
嘶……
你……
你變回人類了！
嘶……
！
咳嗽的症狀消失了……
嗚……
還好你變回人類……
嗚……
我好怕你會死……
太好了！

與當初不同的是，再次吃下糖果的時候……

味道卻是其苦無比。

正當大家為了變回人類互相慶賀時……

我才發現皮諾丘消失了……

就這樣永遠消失在我的生命裡。

奇幻小知識

糖果與毒藥

巧克力、蛋糕、珍珠奶茶……很多含糖的食物或飲品，大家都愛，但是，你知道嗎？世界上用得最廣泛的「合法毒藥」，莫過於糖！吃糖也是會上癮的！

我們吃下甜滋滋的食物後，大腦中的多巴胺神經元在受到刺激下，會釋放出一種鴉片類化學物質，刺激神經末端，讓人感到高興、振奮，導致我們越吃越想吃，停不下來，最後形成「糖上癮」。

原因在於，糖在大腦內成癮的途徑，跟酒、毒品等等相似。曾有科學家實驗：連續幾天拿含糖量很高的飲料餵老鼠，之後如果不再餵食，那些老鼠會顯得煩躁不安，不斷的磨牙，有如上癮一般。要是再次拿含糖飲料給牠們，老鼠則會平靜下來，並且食用的比原本還要多！

之前，世界衛生組織在調查了二十三個國家人口的死亡原因後，有個驚人的發現：糖於對人體的傷害比吸菸還要嚴重！如果長時間吃含糖量極高的食物，人的壽命會明顯的減短！

因此，為了自身的健康著想，最好不要食用過多的糖。有營養學家就建議，成人每天不要攝取超過四十公克的糖。

Chapter 8

團長的來信

兩年後
小球！
放學前再沒收到你的作業，就算零分！
等一下嘛！我爸答應要幫我送來了！
小球！校門口有人找你喔！
沙…
啪！
哇！
哈哈！
連作業也會忘了帶，
你也太迷糊了吧！
皮諾丘！

沙…

喂，我現在是「小澄」了喔！

！

放學後我在那邊的公園等你。

好久不見的小澄……

嗯……

總覺得沒什麼真實感……

沙…

我回去和我媽一起生活了。

太好了！

她當初之所以會去馬戲團，其實是因為收到這封信。

是團長寄給她的。

沙…

女士 您好：

誠摯邀請您前來觀賞我們的表演，其中必定有您十分感興趣的「可愛動物」。

但他的選擇決定最後的结果，這點還請您見諒。

團長 卡洛．柯洛迪

我想，他其實是一個對「說謊」這件事十分痛恨的人吧。

創立「糖果馬戲團」，也是為了懲罰愛說謊的小孩子。

信裡他說我的選擇決定最後的結果，就是一個線索。

「獅王的森林」事件，只是他在測試我罷了。
如果，當初我騙你喝下藥水，
離不開皮箱世界的應該是我吧。

最後，他對你說的那句話，是什麼意思呢？
「皮諾丘，有些事情，是沒有第二次機會的。」

應該是指再因說謊變成動物的話，就沒有解藥了吧。

『團長的家』和『糖果馬戲團』都一夕消失……
團長下次會以什麼樣的面貌出現呢……

謝謝你特地回來告訴我這些消息。
我不是只為了告訴你這些，才回來找你的。
當初不告而別，是因為我不確定自己能否好好處理家裡的事。
我希望下次見到你時，自己已經和以前不同了。
唔……怎麼回事……
我忽然開始緊張起來……
嗯……
走吧，我媽很想見你呢！
咦！我得先回去幫我爸做晚餐……

我已經先取得他的同意了啦！
沙⋯
現在換我找你麻煩了！
誰教你當初要插手管我的事。
什⋯⋯什麼意思？你想做什麼？
哈哈！
你做好覺悟吧！

我要幫動物打針，幫我準備藥！
查爾斯動物醫院
沙…
好的。
我來拿就好。
離開馬戲團後幾年，小澄努力考上了獸醫系。

在馬戲團中和各種動物長期相處的經驗，成為他在專業領域方面的優勢。
現在也利用課餘時間在我家的獸醫院實習。

叮咚！
小澄～
！
你不要每天來煩我家的獸醫助理好嗎？
怎麼是你！小澄呢？

吵鬧！吵鬧！
什麼事這麼吵……

小澄！小球想獨占你！都不讓我見你！
推！
呃……你……
太好了！
……什麼……
才沒有咧！
慌張
想要就拿去吧！
我偶而也想和美女出門啊，每天看小朋友都看膩了。
沙…
你說誰是小朋友！我跟麗莎同歲好嗎！
哈哈！
你不說還真是看不出來！
超市門口
叮咚！
啊！今天有夜市耶！我們去逛……
吵雜！吵雜！
你去逛吧，我在這裡等你。
一大袋
這樣好嗎……

十五分鐘後
沙⋯
他果然很疲憊呢⋯⋯

沙⋯
啊！
啊⋯⋯
我睡著了⋯⋯

！

沙⋯
好近啊⋯⋯
沙⋯

唔⋯⋯

沙……
靠上
！
唔……我好睏啊！
這……這樣啊！
彈開
那我們快點回家吧！
嚇……嚇了我一大跳！
還以為要被親了……
好險……還好有忍住！
小澄！
你走太快了，等我一下啦！

國家圖書館出版品預行編目資料

糖果馬戲團 / 林芳宇著. -- 初版. -- 新北市 :
悅樂文化館: 悅智文化發行, 2018.08
144面 ; 17×23公分. -- (奇幻冒險漫畫 ; 1)
ISBN 978-986-96675-0-0 (平裝)

奇幻冒險漫畫 1

糖果馬戲團

作　　者 ／ 林芳宇

總 編 輯 ／ 徐昱
主　　編 ／ 黃谷光
編　　輯 ／ 雨霓
封面設計 ／ 季曉彤
執行美編 ／ 洸譜創意設計股份有限公司

出 版 者 ／ 悅樂文化館
發 行 者 ／ 悅智文化事業有限公司
地　　址 ／ 新北市板橋區板新路206號3樓
電　　話 ／ 02-8952-4078
傳　　真 ／ 02-8952-4084
電子郵件 ／ insightndelight@gmail.com
粉絲專頁 ／ www.facebook.com/insightndelight

戶　　名 ／ 悅智文化事業有限公司
郵政劃撥帳號 ／ 19452608

2018年8月初版一刷　定價280元